Maria Theresia Bi

in collaborazione con Alex Dawson

ISHVARA

Meditazione nel silenzio

Dai mondi dei sogni alla realizzazione del Sé

Prima edizione 2021

© Studio Ishvara

Foto d Karin Henseler

studioishvara@hotmail.com

BoD – Books on Demand,

Norderstedt

ISBN: 9783752642025

Sommario

Introduzione

La meditazione è spesso definita come un momento di silenzio o di riflessione. La meditazione nel silenzio è molto più di questo. È uno stato straordinariamente profondo di pace e beatitudine in cui la mente è calma e silenziosa in modo naturale, senza il benché minimo sforzo, e proprio per questa sua modalità semplice e accessibile a tutti, si può, infatti, ricorrere a essa praticamente ovunque e in qualsiasi momento.

Nonostante tutta la sua popolarità, pochi veramente sanno che cosa sia la meditazione. Alcuni credono che la meditazione sia concentrarsi mentalmente su qualche cosa, altri considerano che meditare sia immaginare qualche cosa che dia pace, silenzio o qualche forma di piacevole soddisfazione.

La meditazione nel silenzio è uno stato di pura consapevolezza che precede i pensieri. Non si fa la meditazione del silenzio, ogni volontà di voler meditare su qualsiasi cosa dev'essere completamente abbandonata, nulla dev'essere fatto, e solo allora si è in meditazione silenziosa. È uno stato dell'essere e non del fare. La meditazione nel silenzio è uno stato di profonda pace e infinita beatitudine, in cui la mente è spontaneamente calma e silenziosa, ma straordinariamente vigile.

La meditazione nel silenzio non è concentrazione. La concentrazione è uno sforzo per fissare l'attenzione su un particolare oggetto, immagine o idea per un periodo più o meno lungo. La mente che è silenziosa, cioè senza pensieri, non si trova in uno stato di soporifera sonnolenza ma, al contrario, è in uno stato d'intensa e profonda consapevolezza, in altre parole, è presente una straordinaria e vigile attenzione a tutto ciò che accade sia interiormente che esteriormente.

Lo stato di pura consapevolezza senza pensieri che

entra in essere durante la meditazione del silenzio, non è un'esperienza personale o individuale, ma è onnicomprensiva. Tutto ciò non può essere il frutto dell'individualità, che sostanzialmente è inesistente poiché si tratta di una costruzione mentale che va ad adombrare l'eterno e il senza forma, il Sé ma, piuttosto, proprio quando le autolimitanti tendenze della mente sono cessate ecco che la meditazione nel silenzio entra in essere con tutto il suo incondizionato amore e la sua incommensurabile bellezza.

Con Ishvara andremo ora ad approfondire ulteriori aspetti che concernono la meditazione nel silenzio.

Buona lettura!

1. Illusioni, lila, gioco cosmico

Ci potresti spiegare che cosa intendi per gioco cosmico?

Ishvara: Tutto ciò che è manifestazione fenomenica.

Qual è la differenza tra illusione e proiezione mentale?

Ishvara: Nessuna.

Tutto è proiezione? Non c'è niente di reale?

Ishvara: Solo il Sé è reale.

Quando relazioniamo con gli altri proiettiamo sempre la memoria delle esperienze passate?

Ishvara: Il pensiero è il passato.

Come possiamo gestire la memoria delle esperienze passate?

Ishvara: Facendone tesoro per non ripetere gli stessi errori.

Che cosa intendi per errori? Ci possono essere errori dal momento che la nostra anima ha deciso di fare gli errori per evolvere?

Ishvara: Dipende da che prospettiva ponete la domanda.

Gli errori visti dalla prospettiva della legge karmica esistono come un problema da risolvere?

Ishvara: Fintanto che vi considerate degli individui avrete dei problemi da risolvere.

L'individualità è connessa al karma?

Ishvara: Sì.

Il qui e ora è parte dell'impermanenza, la nostra coscienza individuale è transitoria ovvero dovremmo lasciare anche la coscienza del qui e ora e quindi che cosa rimane di noi?

Ishvara: La coscienza individuale si manifesta sullo sfondo della pura consapevolezza che è impersonale e universale.

Noi non esistiamo perché tutto è un'illusione della mente? Sono le nostre proiezioni? È un sogno che sembra reale?

Ishvara: Sì, tutto sembra esistere.

Questo perché ci troviamo nell'io?

Ishvara: L'io è una manifestazione del Sé.

L'io è impermanenza?

Ishvara: Sì, l'io è tempo psicologico, il passato che, manifestandosi nel presente, si proietta nel futuro.

È illusione anche il qui e ora?
Ishvara: Sì.

Perché?
Ishvara: È sempre nel tempo.

Perché essere nel qui e ora se siamo comunque nell'illusione?
Ishvara: Perché siete ciò che siete e non potete allontanarvi da ciò.

Che cosa succede quando siamo completamente consapevoli che tutto è un sogno?
Ishvara: Ne siete totalmente liberi e intoccabili.

Quando siamo consapevoli che tutto è un sogno, allora tutto è possibile?

Ishvara: Nulla vi tocca, dunque, poco importa ciò che accade.

Quando ci troviamo nello stato dove tutto è possibile?

Ishvara: Quando voi non ci siete come individui.

Dal momento che tutto è possibile non c'è più separazione?

Ishvara: Sì, ma solo nel silenzio della mente.

Quando non siamo più nella separazione ci troviamo in uno stato di beatitudine?

Ishvara: Sì, che è pace infinita.

Quando abbiamo realizzato il Sé, non siamo più nell'illusione o Maya?

Ishvara: Sì, siete consapevoli di essere in una realtà sognata da svegli.

2. Multiverso

Come siamo stati creati sulla Terra?

Ishvara: È un processo evolutivo che risale alla nascita dell'universo o multiverso.

Siamo nati quando è nata la Terra?

Ishvara: Quando è nata la manifestazione fenomenica.

Tutto è nato contemporaneamente?

Ishvara: Sì.

Non siamo stati portati sulla Terra dagli extraterrestri come un battere?

Ishvara: No.

In che modo si è manifestato l'essere umano per la prima volta sulla Terra?

Ishvara: La manifestazione è solo apparenza poiché temporanea, non è importante il quando ma la sorgente che è eternità.

Quando è nato il multiverso?
Ishvara: Il multiverso è infinito.

Ci puoi spiegare meglio che cos'è il multiverso?
Ishvara: Il multiverso è costituito dagli infiniti universi che ci sono oltre al vostro.

Chi è il Creatore del multiverso?
Ishvara: Voi, l'Assoluto, Dio, Io, ovvero, il multiverso si è autogenerato.

Com'è possibile che si possa autogenerare?

Ishvara: Nella vostra dimensione non vi è possibile capire perché la mente non è lo strumento adatto, visti i suoi limiti temporali.

L'universo è fatto di una spirale unica, è la spirale universale?
Ishvara: Ci sono infinite spirali nel multiverso.

Il multiverso è fatto d'infiniti universi e l'universo è fatto d'innumerevoli piani di coscienza, anche detti mondi paralleli o multidimensionali, che s'inglobano l'uno nell'altro?
Ishvara: Sì, sono detti anche mondi sottili.

Gli esseri di luce e le entità oscure sono parte dei mondi sottili?
Ishvara: Sì.

Che tipo di vita c'è nel multiverso?

Ishvara: La maggior parte sono forme di vita che vibrano in armonia, nell'amore e nella luce.

L'Assoluto è oltre il multiverso?

Ishvara: Il multiverso, come manifestazione o creazione, nasce e muore nell'Assoluto.

C'è differenza tra il multiverso e l'universo?

Ishvara: No, entrambi rappresentano tutto.

L'espansione del multiverso sta accelerando all'infinito?

Ishvara: È la vostra coscienza ad essere in forte evoluzione.

Il multiverso un giorno si contrarrà?

Ishvara: Anche il multiverso evolve.

Quindi il multiverso evolve all'infinito?

Ishvara: Sì.

È vera la teoria che il multiverso si espande e contrae, espande e contrae in un infinito numero di volte, come se fosse il respiro di Dio?

Ishvara: Sì.

Cosa succederebbe se entrassimo in un buco nero, come quello nel centro della nostra galassia?

Ishvara: Verrete proiettati in altri mondi paralleli.

Se il multiverso fosse il nostro corpo, in che parte del corpo o quale ghiandola corrisponderebbe a un buco nero?

Ishvara: Il 7° chakra.

Quindi per andare nei mondi paralleli dovremmo meditiamo sul 7° chakra?

Ishvara: Tutti i chakra devono essere attivi. La propulsione inizia dal basso.

Mettere l'attenzione sul 3° occhio durante la meditazione ci potrebbe aiutare a vedere i mondi sottili?

Ishvara: Tutti i mondi appaiono sullo sfondo del Sé che è pura consapevolezza sempre presente.

Il Sé corrisponde al 7° chakra?

Ishvara: Il Sé include e trascende tutti i chakra.

Che connessione c'è tra i 7 chakra e i piani di coscienza?

Ishvara: I chakra aprono ai mondi paralleli e il settimo li trascende tutti.

I diversi chakra sono collegati ai mondi paralleli con le relative vibrazioni?

Ishvara: Sì.

Che cosa succede al livello dei chakra quando una persona si evolve? Più è evoluta più i chakra sono attivi o sono attivi più quelli superiori?

Ishvara: Più una persona è evoluta e più il chakra del cuore è attivo.

Il chakra più importante è quindi il cuore?

Ishvara: Sì, l'amore è alla base di ogni evoluzione.

Quando la persona è più connessa con il chakra del cuore, ovvero, è più evoluta, sarà più in contatto con mondi sottili di luce?

Ishvara: Ciò che conta è che sarà altruista, generosa e colma d'amore per tutti e tutto.

Esiste evoluzione per il multiverso?

Ishvara: Per il multiverso come Assoluto non esiste evoluzione, il multiverso come manifestazione invece è soggetto a infiniti eventi che accadono in un principio evolutivo temporale. Esiste solo ciò che è, nel qui e ora.

I diversi piani di coscienza a cosa sono collegati?

Ishvara: Sono collegati agli innumerevoli mondi paralleli dell'universo o del multiverso.

3. Diversi stati di coscienza

Conosciamo tre stati di coscienza: lo stato di veglia, di sogno e di sonno senza sogni; si tratta dei tre principali e naturali stati di coscienza. Che cosa connette questi tre stati di coscienza?

Ishvara: Il sostrato in cui si manifestano è la pura consapevolezza.

Ci sono altri stati di coscienza che dovremmo conoscere?

Ishvara: Ci sono infiniti stati di coscienza, ma il fondamento è lo stesso per tutti.

Quanti stati di coscienza riusciamo a percepire dalla nostra dimensione?

Ishvara: Non perdetevi in essi ma realizzate la fonte di tutti.

Che funzione ha la consapevolezza dei tre stati di coscienza naturali?

Ishvara: La funzione di liberarvi da ogni karma.

Che cosa accade nella mente durante questi tre stati di coscienza?

Ishvara: Perché dovreste preoccuparvi dei sogni quando avete realizzato la realtà fondamentale?

Per conoscere la causa del karma e poterlo sciogliere?

Ishvara: A quel punto non ci sarà karma né nessuno che debba scioglierlo.

Che cosa ci puoi dire della pura consapevolezza testimoniante?

Ishvara: Realizzatela e sarete nella pace infinita.

Dove va l'attenzione nello stato di sonno senza sogni?

Ishvara: Non c'è nessuna attenzione perché non c'è individualità.

Neanche un po' di coscienza individuale?
Ishvara: Il corpo-mente richiama l'individuo fino a quando è in esistenza.

Lo stato non-duale corrisponde allo stato d'illimitata e pura coscienza?
Ishvara: Sì.

Che cosa succede quando soggettività e oggettività non sono più separati?
Ishvara: C'è solo il testimoniare impersonale.

Come si fa a raggiungere questo stato di coscienza?
Ishvara: È sempre presente ma adombrato dall'individualità.

Che è il corpo-mente, ovvero l'ego?

Ishvara: Sì.

In che stato ci troviamo quando facciamo l'esperienza dell'unione?

Ishvara: È presente l'illimitata coscienza universale e impersonale.

Esiste uno stato degli stati?

Ishvara: Il Sé o l'Assoluto in cui tutto nasce e si dissolve.

Che correlazione c'è tra le emozioni e i tre stati di coscienza?

Ishvara: Sono connessi ma il Sé non ne viene toccato.

Che funzione ha la meditazione della compassione connessa al Sé?

Ishvara: Non c'è individuo che debba meditare o essere compassionevole nel Sé.

È l'ego che vuole essere compassionevole?

Ishvara: L'ego può essere solo egoista.

Un sano egoismo può esserci utile nella vita?

Ishvara: No.

L'egoismo è sempre negativo?

Ishvara: Sì, perché vi separa dagli altri ed è causa di conflitti.

Tramite sostanze psicoattive si possono esperire potenti stati alterati di coscienza. Queste sostanze sono dette enterogene e sono caratterizzate da un marcato effetto psichedelico o allucinogeno. Queste sostanze sono utilizzate nell'ambito di rituali e mistici in numerose culture sciamaniche o religioni organizzate. Si possono raggiungere questi stati anche senza sostanze psicoattive?

Ishvara: Sì.

In che modo?

Ishvara: Ci sono varie tecniche per farvi sognare.

Queste tecniche sono altrettanto veloci come le sostanze psicoattive?

Ishvara: No, solo la realizzazione del Sé è immediata e definitiva.

La via con le sostanze psicoattive non ti porta al Sé? Ti potrebbe deviare dalla realizzazione del Sé?

Ishvara: Tutte le tecniche sono delle deviazioni.

Con l'assunzione di marijuana e hashish i sintomi più frequenti sono ipertensione, fame chimica, occhi arrossati, rallentamento dei riflessi, tachicardia e vuoti di memoria. Alcuni di questi sintomi potrebbero portare a rischio più alto di ictus o arresto cardiaco, angina pectoris, infarto e disturbi visivi. Non sarebbe meglio evitare qualsiasi sostanza psicoattiva o alcol?

Ishvara: Dipenderà dalla missione dell'anima, gli effetti sono molteplici e sempre diversi.

La via con le sostanze psicoattive potrebbero creare dipendenza psicologica. Visto che la dipendenza psicologica è molto difficile di superare, questo potrebbe essere di ostacolo per raggiungere la realizzazione del Sé?

Ishvara: Il vero problema è la schiavitù dal pensiero.

Quali sono gli effetti collaterali quando si esagera con le sostanze psicoattive? Ci possono essere danni cerebrali?

Ishvara: Ogni forma di eccesso è dannosa.

Questo riguarda anche le altre tecniche per far sognare?

Ishvara: Ogni tecnica è di ostacolo alla realizzazione del Sé, che è immediata.

Perché?

Ishvara: Le tecniche sono nel tempo e quindi vi legano.

E come facciamo a liberarci dal tempo?

Ishvara: Liberatevi dal pensiero e sarete al di là del tempo e dello spazio, senza più individualità.

Sembra impossibile credere che noi possiamo essere senza pensieri?

Ishvara: Voi siete pensieri ma anche l'eternità che li precede.

Che cosa accade ad una persona che vede esseri che altri non riescono a vedere come nel caso di schizofrenia?

Ishvara: In tutti i casi si confonde il sogno con la realtà.

Non è anche la realtà un sogno e viceversa? Quando sogniamo ci troviamo in un mondo che sembra la realtà, se guardiamo la televisione ci sembra di sognare eppure sembra anche quello una realtà, non è forse così?

Ishvara: La realtà del Sé è lo schermo su cui tutto si proietta.

Il Sé viene toccato da ciò che accade nei mondi sottili?

Ishvara: Lo schermo non viene toccato da ciò che vi appare e nello stesso tempo non è separato.

Qual è la differenza tra una persona sana che vede con il terz'occhio altri esseri e una schizofrenica?

Ishvara: Dipende dalla prospettiva da cui osservate.

Possono vedere gli stessi esseri?

Ishvara: Raramente.

Le visioni avute da una persona schizofrenica sono frutto della fantasia o vede cose che sono reali che altri non possono vedere?

Ishvara: Andrebbe definito il concetto di realtà.

Una persona che vede cose che altri non vedono viene definita pazza. Ciò che essa vede esiste ma non riesce a gestirlo perché non è centrata?

Ishvara: È fuorviante definire realtà ciò che è transitorio, questa è schizofrenia.

Potrebbe accadere che un medium o un canalizzatore impazzisca perché perde il proprio centro e viene attaccato da esseri oscuri che non riesce più a gestire?

Ishvara: Sì, per questo bisogna andare alla sorgente dell'essere.

Che cosa succede quando ci si trova in uno stato di possessione? È reale o fantasia?

Ishvara: Dipende dalla prospettiva da cui guardate a ciò che accade al corpo-mente.

Dal momento che siamo distaccati dalla possessione di un demone ad esempio, la possessione non esiste più?
Ishvara: Sì, allora siete liberati.

E non dipende se la possessione ci sia o è frutto di fantasia?
Ishvara: Il vostro peggior demone è il pensiero che vi possiede e non vi molla mai.

È sempre e in qualsiasi situazione possibile liberarsi dalle possessioni? O ci sono persone che non riescono assolutamente liberarsene?
Ishvara: La liberazione è sempre presente e alla portata di tutti.

Quando siamo ipnotizzati o in meditazione ci troviamo in uno stato di alterazione delle percezioni e della coscienza?

Ishvara: Tutto ciò che accade nella coscienza è una forma di alterazione rispetto al Sé.

Che cosa succede se s'introducono luci e suoni usando ad esempio una mindmachine durante una meditazione?

Ishvara: Vi distrae dalla realizzazione del Sé.

Che cosa succede invece quando si pittura un mandala?

Ishvara: Il vero mandala vi porta oltre ogni forma di espressione.

Che cos'è un vero mandala?

Ishvara: La realizzazione del Sé.

E dove ci porta un orgasmo sessuale? Si potrebbe raggiungere uno stato di non dualità durante un orgasmo sessuale?

Ishvara: Sì, in alcuni casi, ma dura un attimo, poi ricadete nella dualità.

Si dice che un orgasmo rassomiglia ad una piccola morte. La morte può essere così dolce come un orgasmo sessuale e portarci ad uno stato di non dualità o dipende sempre dallo stato di coscienza che si ha nel trapasso?

Ishvara: Non esiste morte né nascita per voi che siete l'eterno Sé.

Che ci puoi dire al riguardo allo stato di flow?

Ishvara: A quel punto, non c'è più nulla da dire, siete e basta.

In che stato di coscienza ci troviamo durante una materializzazione di Vibhuti o dell'Amrita?

Ishvara: Dipende da individuo a individuo.

E quando si muovono degli oggetti da soli?

Ishvara: Idem.

In questi due casi, è necessario che la persona abbia realizzato il Sé e si trovi in uno stato meditativo silenzioso?

Ishvara: Il Sé non richiede una mente silenziosa poiché la precede.

Si possono muovere o materializzare oggetti in modo volontario oppure succede sempre spontaneamente?

Ishvara: Dal momento in cui l'individuo non esiste, tutto avviene spontaneamente.

La realizzazione del Sé potrebbe accadere più spesso durante la meditazione nel silenzio?

Ishvara: Sì, dal momento in cui viene riconosciuta l'illusorietà dell'individuo e rispettivamente del pensiero.

4. Mondi paralleli

Non sarebbe più semplice se tutti i Mondi paralleli si potessero vedere e comunicare tra di loro?

Ishvara: Sono già in contatto tra di loro ma le vostre limitate menti v'impediscono di vederli e di entrare in contatto totale con loro.

Che cosa possiamo fare per entrare maggiormente in contatto con i diversi mondi paralleli?

Ishvara: Aprire il cuore e la mente.

Qual è la differenza tra piani di coscienza, pianeti e mondi paralleli?

Ishvara: Sono modi diversi di descrivere la stessa cosa.

Tutti gli altri piani di coscienza sono ancora nella dualità?

Ishvara: Dualità è molteplicità, ci sono infiniti piani di coscienza.

Nella molteplicità è integrata la dualità e viceversa?
Ishvara: La mente cerca di capire dividendo ciò che è sempre stato unito.

In questi infiniti stati di coscienza si hanno altrettante infinite qualità?
Ishvara: Sì, ogni stato di coscienza ha diverse qualità esistenziali.

Negli altri mondi paralleli ci sono anche i cinque sensi?
Ishvara: Sì, anche.

Ci sono quindi anche altri sensi che noi non conosciamo?
Ishvara: Sì.

Gli esseri umani si sono già uniti con degli esseri di altri pianeti?

Ishvara: Alcuni sì.

In che modo?

Ishvara: Accoppiandosi.

Perché?

Ishvara: Anche nel multiverso vige la multiculturalità.

Si accoppiano solo sulla Terra o ci sono degli esseri umani che si sono accoppiati anche su altri pianeti?

Ishvara: L'accoppiamento multietnico è fratellanza umana.

Ci si accoppia anche su altri pianeti sessualmente?

Ishvara: Certo.

Quali altre forme usano per accoppiarsi?

Ishvara: Non siete ancora abbastanza evoluti per capirlo.

Non ce lo dici perché altrimenti lo giudicheremmo?

Ishvara: Chi non capisce giudica.

Gli esseri umani accoppiati con altri esseri di altri pianeti sono coscienti di aver a che fare con extraterrestri?

Ishvara: Nella maggior parte dei casi.

Questi extraterrestri sulla Terra sono in contatto con il loro pianeta, visitano il loro pianeta?

Ishvara: Sì.

Ci vivono allora anche degli esseri umani sugli altri pianeti?

Ishvara: Sì.

Per quale motivo gli extraterrestri visitano il loro pianeta? Portano informazioni dalla Terra?

Ishvara: Sì.

A cosa gli servono queste informazioni?

Ishvara: Riguarda loro.

Come mai questi esseri umani che sono in contatto diretto con gli extraterrestri non pubblicano questo straordinario evento?

Ishvara: Per non essere considerati folli.

Come fanno ad essere così sicuri che i loro partner sono degli extraterrestri?

Ishvara: Assistendo ad eventi straordinari.

Questi eventi potrebbero essere anche delle materializzazioni di vibhuti, amrita e lingham?

Ishvara: Anche.

Qual è un altro di questi eventi?

Ishvara: Comunicare con altre fonti del multiverso.

Che tipo di relazione o comunicazione ha creato una coppia formata da un essere umano ed un extraterrestre?

Ishvara: Telepatica.

Usano anche le parole o è principalmente telepatica?

Ishvara: Principalmente telepatica.

Non hanno il problema della lingua?

Ishvara: Esatto.

Questo vale per la maggior parte degli extraterrestri?

Ishvara: Sì, poiché in genere sono molto evoluti.

La loro comunicazione è di base silenziosa?

Ishvara: I suoni non sono l'unico mezzo di trasmissione.

Che altri mezzi di trasmissione hanno inoltre?

Ishvara: Ad esempio la luce.

Che interessi hanno?

Ishvara: Vengono sulla Terra per sperimentare i sentimenti e le emozioni come l'amore.

Questo lo si può sperimentare solo sulla Terra?

Ishvara: No.

I rettiliani sono tra gli extraterrestri più pericolosi?

Ishvara: Per la Terra, sì.

Perché?

Ishvara: Usano le emozioni che non hanno.

In che modo?

Ishvara: Adombrano gli umani così da vivere emozioni e sentimenti.

Spaventandoci a morte ad esempio?

Ishvara: Anche.

Riescono a fare delle cose così spaventose proprio perché non hanno sentimenti? Sembrerebbero umani senza anima? O dei robot?

Ishvara: Sì, e fa parte del loro processo evolutivo.

Significa che i rettiliani sono degli extraterrestri meno evoluti?

Ishvara: Molti.

Chi ha più emozioni è più evoluto?

Ishvara: No.

Essere più evoluti significa invece imparare a gestire le emozioni e ad esserne distaccati senza farci coinvolgere?

Ishvara: Sì.

Ed è da questo che si distingue il grado evolutivo?

Ishvara: Più un essere è evoluto e più prova amore incondizionato.

Amare incondizionatamente è possibile anche se non siamo distaccati dalle emozioni?

Ishvara: Sì, poiché essere distaccati non significa essere indifferenti.

I rettiliani vorrebbero evolvere, sono consapevoli di questo oppure sono come certi esseri umani che sono molto crudeli senza esserne consapevoli?
Ishvara: La consapevolezza segue l'introspezione.

Lo potresti spiegare in altre parole?
Ishvara: Non siete forse consapevoli di essere nel qui e ora?

La legge dell'evoluzione spirituale è quindi universale?
Ishvara: Assolutamente.

Ci sono dei mondi paralleli come la Terra?
Ishvara: Simili ma non uguali.

È sulla Terra che ci si può evolvere di più?

Ishvara: Sì.

Perché?

Ishvara: Perché avete un corpo e una mente che vi permette di più evolutivamente.

Per poter entrare in contatto con gli altri mondi paralleli bisogna per forza avere uno stato di coscienza simile a questi mondi?

Ishvara: Sì.

Ogni mondo parallelo o pianeta e i propri abitanti ha una propria vibrazione e stato evolutivo?

Ishvara: Sì, il singolo si riflette nel generico e viceversa.

L'evoluzione dipende dalla somma di tutti gli abitanti di un pianeta?

Ishvara: Dall'amore che è presente in ogni cosa.

Accoppiandoci con gli extraterrestri ci evolviamo di più?

Ishvara: Cercate la vicinanza delle persone sagge ed evolverete più in fretta.

La maggior parte degli extraterrestri sono più saggi di noi?

Ishvara: Sì, ma voi non lo sapete e per questo dovreste cercare la compagnia dei saggi.

Gli esseri umani che si sono accoppiati con degli extraterrestri hanno una vibrazione simile?

Ishvara: Sì.

Vale la stessa legge dell'attrazione che c'è sulla Terra?

Ishvara: La legge è la stessa indipendentemente dagli attori.

C'è un'altra legge universale che dovremmo conoscere?

Ishvara: La legge della non ingerenza.

Non potremmo immischiarci nelle faccende degli altri mondi paralleli e viceversa?

Ishvara: Ogni intervento dev'essere autorizzato.

Altrimenti potrebbe scoppiare anche una guerra con gli extraterrestri?

Ishvara: Sì.

Potremmo mai andare d'accordo con gli extraterrestri se siamo ancora razzisti con gli esseri umani di altre culture sulla Terra?

Ishvara: No.

Questo potrebbe essere un motivo perché gli extraterrestri che sono di base più evoluti di noi preferiscono non farsi riconoscere?

Ishvara: Sì, rispettano la precedente legge.

Di base sono esseri pacifici?

Ishvara: Sì.

Ci sono guerre tra gli extraterrestri di diversi pianeti come ce lo fanno vedere nei film?

Ishvara: Succede anche questo.

Per gli stessi motivi per i quali noi facciamo le guerre?

Ishvara: Sì.

Quando moriamo ci teletrasportiamo in un'altra dimensione o mondo parallelo nello stesso modo che stiamo lasciando la Terra?
Ishvara: Sì, ma senza i beni materiali.

Ci portiamo con noi tutto ciò che abbiamo sperimentato direttamente sulla Terra?
Ishvara: Sì, i pensieri ve li portate dietro.

Vedere i defunti potrebbe esserci utile?
Ishvara: Sì, ma non fondamentale.

In che caso potrebbero esserci di aiuto?
Ishvara: Se vi aiutano a condurvi alla sorgente.

Altrimenti è meglio lasciarli andare e non cercarli più?

Ishvara: Nella maggior parte dei casi sono delle distrazioni che vi deviano dalla sorgente.

Se un genitore fa fatica a lasciare andare ad esempio un figlio defunto, un medium potrebbe essere utile ad entrambe le parti per potersi liberare e procedere evolutivamente?
Ishvara: Solo se il medium è un maestro autorealizzato.

Un maestro quando è autorealizzato?
Ishvara: Quando ha realizzato la sorgente dell'essere.

Gli esseri umani potrebbero già viaggiare negli altri mondi fisicamente o solo attraverso i viaggi astrali?
Ishvara: Se così fosse, già lo sapreste.

E le persone che sono andate con gli extraterrestri in un altro mondo come ci sono arrivati?

Ishvara: Con le astronavi e i portali.

Come si formano i portali?

Ishvara: In diversi modi che non vi è ancora dato sapere.

Si potrebbe anche essere teletrasportati?

Ishvara: A questo servono i portali spazio-temporali.

Una volta capito dove c'è un portale disponibile, un essere umano si potrebbe far teletrasportare senza che sia presente un extraterrestre?

Ishvara: Solo se il corpo-mente è stato adeguatamente preparato.

Che cosa potrebbe accadere se così non fosse?

Ishvara: Potrebbe anche dover lasciare il corpo-mente che si dissolverebbe.

Il corpo-mente non riuscirebbe ad esempio a trasmutarsi biologicamente?

Ishvara: Sì anche.

L'essere umano può essere teletrasportato senza avere conseguenze fisiche o mentale?

Ishvara: Solo se il suo corpo-mente è pronto.

In che modo vengono preparati?

Ishvara: Attraverso meditazioni straordinariamente profonde.

La stessa cosa vale anche per chi viene da un altro pianeta sulla Terra?

Ishvara: Ogni singolo caso è diverso.

La realizzazione del Sé si potrebbe raggiungere anche facendo questi viaggi in altri mondi?
Ishvara: No.

Ci sono mondi dove esistono solo esseri realizzati?
Ishvara: Dove tutto è uno.

Shamballa o intendi l'Assoluto?
Ishvara: L'Assoluto è al di là della forma e non forma.

Su Shamballa si trovano gli esseri più evoluti ma fanno ancora parte della dualità?
Ishvara: La manifestazione è sempre duale, l'Assoluto non conosce separazione.

Ci sarà un giorno dove tutti i mondi saranno collegati e comunicheranno tra di loro così com'è ora sulla Terra attraverso i telefonini e internet?

Ishvara: Non ci sarà bisogno di strumenti.

Perché impareremo anche noi a comunicare telepaticamente?

Ishvara: Realizzerete che la separazione è puramente concettuale.

Finché saremo nel corpo e nella mente sarà quasi impossibile realizzare qualcosa di diverso?

Ishvara: La pura consapevolezza è presente anche ora che siete corpo-mente.

Dal momento che gli esseri umani hanno capito di essere pura consapevolezza che cosa succederà sulla Terra e nel multiverso?

Ishvara: Non ci saranno più conflitti e separazioni.

Siamo multidimensionali, cioè siamo connessi con infiniti mondi del passato, presente e futuro contemporaneamente?
Ishvara: Sì, siete atemporalità.

Questo significa che siamo più di ciò che noi percepiamo e vediamo, siamo fatti di infiniti mondi paralleli e diversi stati di coscienza e perciò dovremmo poter vedere e percepire più di quello che crediamo di essere?
Ishvara: Voi siete ciò in cui il multiverso si manifesta.

Il multiverso è la nostra proiezione immaginale, un sogno?

Ishvara: Sì, il pensiero è frammentario quindi non può cogliere l'unicità dell'Assoluto.

5. Sogni

Che cos'è un sogno?

Ishvara: Tutto ciò che ha una fine temporale.

Tutto è un sogno?

Ishvara: Sì.

Che cosa non è un sogno?

Ishvara: La realtà atemporale.

Ciò corrisponde all'Assoluto?

Ishvara: Sì.

Si potrebbe anche dire quando ci troviamo nel qui e ora?

Ishvara: Sì, ma solo se voi non ci siete come individuo.

È coretto che il sogno è fatto di 5 onde cerebrali come Delta (stadio di sonno profondo), Theta (sonno REM), Alfa (veglia ad occhi chiusi e degli istanti precedenti l'addormentamento), Beta (stato di veglia) e Gamma (stato di particolare tensione). Esistono altre onde cerebrali che noi non conosciamo?

Ishvara: Sì, e sono le più profonde.

Quando ci troviamo in questi stati di profondità?

Ishvara: In meditazione molto profonda.

E in cosa si differenziano?

Ishvara: La mente separa ciò che la meditazione unisce.

C'è un'onda cerebrale che dovremmo assolutamente conoscere?

Ishvara: Quella che è al di là di ogni conoscenza e individuo.

C'è un'onda che è più profondo del Delta?
Ishvara: Vedi risposta precedente.

Intendi che siamo nel silenzio, nell'Assoluto?
Ishvara: Sì.

Ci sono diversi tipi di sogni come sogni profetici, incubi, sogni lucidi, di guarigione, animici e archetipici. Ci sono altri tipi di sogni significativi per noi che noi non conosciamo ancora?
Ishvara: Quelli che sperimentate meditando.

Ci potresti fare un esempio?
Ishvara: Meditate e fate l'esperienza diretta poiché è la cosa più importante.

Qual è la differenza tra il sogno e la meditazione?

Ishvara: La Meditazione è cosciente, il sogno no.

E che cosa ci puoi dire allora dei sogni lucidi dove siamo coscienti di sognare?

Ishvara: È solo una questione di termologia.

Questo significa che quando meditiamo entriamo in un sogno lucido?

Ishvara: Siete nel sogno lucido.

I sogni profetici hanno diverse funzioni. Quale di queste sotto elencate non corrispondano o mancano?

- **Apparizioni**: dove solitamente un defunto profetizza numeri da giocare o avvenimenti,

- **Sogni chiaroudenti**: dove una voce nitida e chiara profetizza un evento,

- **Sogni chiaroveggenti**: mentre si sogna l'evento del proprio sogno si sta manifestando nel mondo reale,

- **Sogni condivisi**: due persone (di solito familiari o partner) sognano la stessa identica cosa,

- **Sogni di avvertimento**: solitamente sono sogni incentrati su qualcosa di brutto che accade a sé stessi e che potrebbe verificarsi nella realtà.

Ishvara: Ogni sogno può essere potenzialmente profetico se approfondito.

Quindi tutti possiamo avere dei sogni profetici ma non tutti riescono ad approfondirli e decifrarne il loro significato come fanno ad esempio gli sciamani o altri maestri dotati di questa capacità?

Ishvara: Sì.

Certi sogni profetici sembrano evidenti che lo siano ma non per questo più significativi di altri sogni dove il messaggio sembrerebbe più nascosto?

Ishvara: Da qui il bisogno di approfondirli concettualmente.

Che tecniche ci sono per sviluppare la capacità di approfondire i sogni profetici concettualmente?

Ishvara: Scoprite come reagite alle sfide quotidiane e diventerete profeti di voi stessi e degli altri.

Questo significa che a dipendenza di come noi reagiamo alle sfide quotidiane, riusciamo a conoscere il future, cioè i nostri schemi mentali segnano il nostro futuro?

Ishvara: Senza una vera e profonda rivoluzione interiore continuerete a ripetere gli stessi schemi mentali.

E questo si ripercuote nel mondo onirico quando dormiamo?

Ishvara: Sì, la mente è sempre la stessa.

Chi può aiutarci o come possiamo rivoluzionare il nostro comportamento?

Ishvara: Meditando ed essendo totalmente consapevoli delle attività mentali.

Gli incubi sono connessi solo ad elaborazioni di eventi spiacevoli o hanno anche a che fare con le vite precedenti?

Ishvara: Possono intrecciarsi.

Come affrontare gli incubi e superare le paure che suscitano?
Ishvara: Affrontate prima le paure e non avrete incubi.

Ci sono degli incubi ricorrenti nella vita. Che cosa fare per liberarcene?
Ishvara: Liberatevi del bisogno di sicurezza.

In che modo?
Ishvara: Meditando.

E se l'incubo è connesso ad un trauma come ad esempio un abuso sessuale, un furto o un omicidio di una cara persona vicina?
Ishvara: Liberatevi di qualsiasi pensiero al riguardo.

Com'è possibile se il dolore è diventato cronico?

Ishvara: Siate padroni dei vostri pensieri altrimenti ne sarete sempre schiavi.

L'analisi è un modo per liberarcene?

Ishvara: Al contrario, l'analisi rafforza il problema.

La tecnica delle costellazioni relazionali oppure un lavoro emotivo potrebbe aiutare?

Ishvara: Solo superficialmente.

Come possiamo conoscere la causa degli incubi?

Ishvara: Conoscendo voi stessi, ovvero la vostra mente.

Come capire che ci troviamo in un sogno lucido?

Ishvara: Ne siete coscienti quando accade.

Come comportarci quando ci troviamo in un sogno lucido?

Ishvara: Siatene testimoni passivamente.

A che cosa serve?

Ishvara: A prendere distacco da ciò che erroneamente considerate realtà.

Dal momento che siamo distaccati che cosa succederà?

Ishvara: Vi rendete conto che tutto ciò che appare è irreale.

Quando siamo nella realtà?

Ishvara: Quando in nessun modo vi sentite divisi o separati.

In caso di un incubo a cosa serve essere testimoni?

Ishvara: In tutti i casi vi serve a disidentificarvi.

Possiamo manipolare o trasformare in nostri sogni?

Ishvara: Sì, fintanto che vi considerate un individuo separato.

Può avere un buon riscontro sulla nostra vita?

Ishvara: Sì.

Perché?

Ishvara: Perché vi porterà al Sé.

Si può creare del karma anche quando sogniamo?

Ishvara: Tutto è karmico ciò che si manifesta.

È utile conoscere i nostri sogni per risolvere situazioni karmiche e meditarci su?

Ishvara: L'analisi vi complica le cose, la meditazione vi libera.

È possibile rimanere incastrati in un sogno e non riuscire più a svegliarsi?
Ishvara: Anche i sogni sono temporanei.

Come comportarci se non riusciamo a svegliarci da un incubo di un sogno lucido?
Ishvara: Ripetete il mantra che vi ho dato e non accadrà.

Che cosa succede ad una persona che è in coma?
Ishvara: Non è più nello stato di veglia.

In che stato è?
Ishvara: Dipenderà dal suo grado evolutivo.

Quando siamo in coma siamo in uno stato di sogno inconscio oppure siamo morti?

Ishvara: Dipenderà da caso a caso.

Ci si potrebbe trovare anche in un sogno lucido?

Ishvara: Sì.

Chi vede il proprio corpo dall'alto durante ad esempio un evento chirurgico lo si potrebbe considerare come un sogno lucido?

Ishvara: Lucido significa che la coscienza individuale è presente.

Significa in questo caso che siamo consapevoli di ciò che ci sta accadendo?

Ishvara: Sì.

In un caso del genere si potrebbe parlare anche di un'esperienza di premorte?

Ishvara: E solo una questione di usare la stessa terminologia.

Sono queste le situazioni dove potrebbe accadere un walk-in (un processo nel quale un'anima lascia il corpo in cui risiede cedendolo a un'altra)?

Ishvara: Anche questo può accadere.

Che cosa succede durante un evento di premorte? Alcune persone che ritornano in questa dimensione parlano di un tunnel, luce, defunti familiari che hanno visto.

Ishvara: É solo un corpo che muore il resto permane.

Quando lasciamo il corpo chi o che cosa incontriamo all'inizio?

Ishvara: Ogni coscienza individuale farà un'esperienza diversa.

Da cosa dipende l'esperienza? Dal karma, dall'ultimo pensiero o azione?

Ishvara: Dal percorso evolutivo dell'anima.

Chi ha un karma pesante, potrebbe trovarsi in un mondo parallelo simile ad un inferno?

Ishvara: Sì.

Noi che seguiamo il tuo insegnamento potremmo incontrarti quando lasceremo il corpo?

Ishvara: In verità, non vi siete mai allontanati da me.

Certo, ma siamo magari più consapevoli che sei presente durante il trapasso? Riusciamo a vederti come una forma?

Ishvara: Solo fino a quando siete nella dualità.

Perché non riusciamo a vederti come forma nella dualità?

Ishvara: Perché non riconoscete la mia immanenza.

Perché ci sono i sogni di guarigione? Sono solo connessi a persone malate o al nostro corpo malato?

Ishvara: La vostra malattia è considerarvi degli individui.

I sogni ci possono aiutare a superare delle malattie nel senso che ci potrebbe arrivare una soluzione nel sogno per guarire o un avviso di una malattia in arrivo?

Ishvara: Sì.

Potrebbe essere così anche per altri come stretti familiari o non?

Ishvara: Sì.

Questo è possibile per chiunque o solo guaritori sciamani?

Ishvara: Naturalmente si devono avere delle predisposizioni.

Che influenza può avere il cervello sulla guarigione delle persone malate?

Ishvara: Il cervello è la centralina del corpo.

Qual è la connessione tra il cervello e il corpo?

Ishvara: Il cervello codifica i segnali del corpo.

Quando è in atto una malattia, il corpo manda dei segnali al cervello?

Ishvara: Sì.

Questi segnali si manifestano anche nei sogni?

Ishvara: Sì, poiché si basano sui sensi.

Tutto ciò che è connesso ai sensi si manifesta nei sogni?

Ishvara: Senza sensi non c'è esperienza.

L'esperienza diretta della quale tu parli è anche possibile nei sogni?

Ishvara: Ovviamente.

Quando nascondiamo i nostri veri sentimenti e li opprimiamo, elaboriamo questo nei sogni di guarigione?

Ishvara: Sì.

In caso contrario potrebbero anche diventare incubi se non ci lavoriamo su?

Ishvara: Certo.

Gli incubi sono la conseguenza del trascurare delle situazioni non elaborate?

Ishvara: Sì, se queste sono di importante rilevanza.

Questo potrebbe essere nel caso in cui opprimiamo la nostra sessualità o in caso di un abuso sessuale non ancora superato?

Ishvara: Sì, in certi casi.

Tutti i sogni sono connessi ai problemi sessuali?

Ishvara: No.

Sono piuttosto allora connessi alla mancanza dei nostri bisogni essenziali?

Ishvara: Sì.

Queste mancanze dei nostri bisogni essenziali corrispondono al nostro karma?
Ishvara: Tutta quanta la manifestazione fenomenica è soggetta alla legge di causa ed effetto.

Osservare i sogni emotivi potrebbe anche aiutarci a capire la nostra tristezza, paura, perdita; ci indicano su che cosa dovremmo ancora lavorare per liberare le energie bloccate?
Ishvara: Sì, ma l'analisi psicologica non vi libererà da tutti i conflitti.

Sono i cosiddetti sogni archetipici che ci possono rilevare qualcosa di più profondo?
Ishvara: Sì, perché sono modelli che si ripetono costantemente.

Mettendo in scena dei sogni archetipici potremmo lavorare in modo più profondo nell'analisi dei sogni e liberarci dai nostri conflitti?

Ishvara: No.

Perché no?

Ishvara: Perché così continuate sulla via della separazione.

I sogni animici potrebbero essere più profondi in questo tipo di elaborazione e aiutarci ad andare oltre la separazione?

Ishvara: Fino a quando vi ritenete divisi o separati tutto ciò che farete alimenterà i conflitti.

Quando abbiamo dei sogni animici come ad esempio quando sogniamo una divinità, un Buddha o altre forme spirituali, che cosa significa? Potrebbe essere un segno che abbiamo superato la separazione o divisione?

Ishvara: Solo se siete il Buddha o qualsiasi altra divinità assoluta.

Potrebbe esserci un richiamo dell'anima ad intraprendere un cammino spirituale?

Ishvara: No, perché il viaggio sarebbe ancora nella dualità della mente.

Quando ci appare una figura divina in sogno con un messaggio che significa? Ci troviamo in un mondo parallelo? O quando si tratta di un sogno e quando di un'altra dimensione reale?

Ishvara: La dimensione reale è unitaria, il resto è separazione e illusione.

Quali sono i sogni che sono connessi alle vite passate?
Si assomigliano molto alla vita di tutti i giorni?

Ishvara: Non ci sono sogni che non siano connessi a vite passate.

Questo anche perché tutto è connesso e soggetto al karma?

Ishvara: Solo come manifestazione fenomenica e non come assoluto.

È utile per la nostra crescita personale e spirituale interpretare o analizzare i nostri sogni magari usando un diario?

Ishvara: Non per la liberazione finale.

Come decifrare un sogno?

Ishvara: Ogni tecnica è utile ma limitata in sé stessa.

Cosa ci puoi dire di questa frase "tutto è immaginale o un sogno"?

Ishvara: È più importante scoprire se esiste veramente un sognatore.

Chi o che cosa sogna allora?

Ishvara: In verità non esiste il sognatore né la cosa sognata e nemmeno l'atto di sognare.

Eppure ci troviamo in un sogno senza fine?

Ishvara: Fino a quando non scoprirete che tutto avviene su un sostrato di atemporalità.

Come possiamo raggiungere la liberazione finale?

Ishvara: Realizzando che siete sempre stati e sempre sarete totalmente liberi.

6. Morte

Esiste la morte?

Ishvara: Solo dal punto di vista del corpo-mente.

Dal punto di vista dell'Assoluto cosa succede durante la morte?

Ishvara: L'Assoluto non viene toccato dalle nascite e dalle morti.

Che cosa succede nel momento della morte?

Ishvara: La meditazione vi darà la risposta.

Che senso ha la vita se dobbiamo morire?

Ishvara: È un processo evolutivo dell'anima che vi condurrà all'eternità.

Perché dobbiamo morire?

Ishvara: L'anima utilizza diverse vite per evolvere.

Cosa ci puoi dire al riguardo della morte assistita?

Ishvara: È parte del vostro libero arbitrio.

Creiamo del Karma se decidiamo una morte assistita?

Ishvara: Sì.

Karma positivo o negativo?

Ishvara: Raramente è positivo ma la resistenza al dolore non va giudicata.

Nell'incarnazione successiva andremo a rivivere le stesse prove non superate della vita appena vissuta?

Ishvara: Non potete sfuggire al vostro karma, se lo rimandate si ripresenterà.

Ci sono le stesse conseguenze tra suicidio e la morte assistita?

Ishvara: Sono la faccia di una stessa medaglia, ovvero la disperazione.

In che casi il suicidio o la morte assistita creano karma positivo?

Ishvara: Anime evolute che si sacrificano per altre. Il gesto è totalmente consapevole e senza dolore perché altruistico.

Che cosa ci puoi dire nei casi dove c'è stato un tentato suicidio e la persona è sopravvissuta ma si ritrova con serie conseguenze fisiche?

Ishvara: È in tutti casi un atto di disperazione e non è mai risolutivo.

Che messaggio avresti per le anime disperate che vedono il suicidio come unica via di uscita?

Ishvara: Non cercate la solitudine ma cercate la compagnia di persone positive.

Come fa una persona a trovare compagnia se la tendenza è di isolarsi?
Ishvara: Dovrebbero esserci più centri di accoglienza per questi casi.

Cosa può fare un genitore per un figlio suicida?
Ishvara: Non giudizio e affettività sono essenziali.

Un essere umano ha il diritto di togliersi la propria vita o quella di un altra in caso di estremo dolore o inutilità?
Ishvara: Nessuno può soprassedere al libero arbitrio.

Che cosa succede a un assassino che ha tolto la vita a qualcun'altro intenzionalmente?

Ishvara: Crea karma negativo.

Oltre a vivere in una prigione cosa vive interiormente un assassino?

Ishvara: La disperazione ha molte motivazioni.

Cosa succede all'anima di una persona morta assassinata?

Ishvara: Dipende da caso a caso e dal karma passato.

Potrebbe anche essere un riequilibrio karmico, se per esempio, tu hai ucciso me in una vita passata, ora io uccido te?

Ishvara: Sì, potrebbe essere un riequilibrio karmico.

Ma non c'è un modo meno violento per riequilibrare il karma?

Ishvara: Solo se sapete perdonare.

Dal momento che riusciamo a perdonare subentra la grazia divina?

Ishvara: Sì, la compassione è grazia divina.

Riguardo all'aborto, ciò genera karma per i genitori ancora vivi?

Ishvara: Sì.

Anche se l'aborto è stato spontaneo?

Ishvara: Spontaneo non significa senza causa.

Se una persona abortisce volontariamente, questo karma negativo si riflette anche sul karma familiare?

Ishvara: Solo in parte.

Quindi la responsabilità maggiore è della persona che abortisce?

Ishvara: Sì.

Se una persona convince in buona fede un'altra ad abortire, il suo karma è minore?

Ishvara: No, maggiore.

Perché?

Ishvara: Diventa responsabile delle conseguenze karmiche.

Anche se era in buona fede?

Ishvara: L'ignoranza non ammette attenuanti.

Anche se questa persona è minorenne?

Ishvara: Sì.

Cosa può fare un genitore in questo caso per equilibrare il karma?

Ishvara: Pregare e meditare vi libera dal peso karmico.

È possibile bruciare tutto il karma in una vita?
Ishvara: Sì.

Dipende anche dal tipo di karma, se è pesante richiederà maggiore preghiera e meditazione, non è vero?
Ishvara: Sì e la qualità della preghiera e meditazione faranno la differenza.

Nell'esempio di un bambino disabile, sarebbe meglio farlo nascere?
Ishvara: Sì, e soprattutto essere in grado di amarlo.

È possibile non far nascere un bambino disabile senza creare karma negativo?

Ishvara: No.

Perché abbiamo paura della morte?

Ishvara: Perché vi identificate nel corpo-mente.

Se non dovessimo passare attraverso la sofferenza fisica, avremmo ancora così paura della morte?

Ishvara: Sì.

Perché?

Ishvara: L'attaccamento rimane.

Come possiamo arrivare ad avere una morte meno dolorosa e sofferente?

Ishvara: Liberandovi in vita.

La morte del falso io è una preparazione alla morte fisica?

Ishvara: È più importante la morte dell'ego.

Come possiamo superare la paura della morte?

Ishvara: Diventate padroni del vostro pensiero.

Che relazione c'è tra il pensiero e la morte?

Ishvara: Entrambi sono concetti mentali.

Come relazionare con la morte?

Ishvara: Approfonditela e vi libererete dalla sua paura.

Che cosa succede quando moriamo, è la fine, il nulla?

Ishvara: Vi svegliate in un'altra dimensione spazio-temporale.

E scopriremo che la morte non è poi così spaventosa?

Ishvara: Sì, questo è il fine ultimo.

Quindi è molto importante essere totalmente consapevoli al momento del trapasso?

Ishvara: Tutta la vostra vita è una preparazione alla morte.

Che cosa ci puoi dire al riguardo dell'ultimo pensiero avuto prima di morire?

Ishvara: L'ultimo pensiero lo portate con voi.

Se l'ultimo pensiero è l'amore per la morte?

Ishvara: L'amore per la vita sarà l'amore per la morte che è liberazione.

Non sarebbe meglio vivere la morte con gioia come fanno alcune tradizioni?

Ishvara: Dipende dalla tradizione, viverla con gioia è difficile e raro.

Il libro tibetano dei morti è una serie di istruzioni che il morente ascolta durante il trapasso, può fare una differenza?
Ishvara: L'accompagnamento ai morenti è di estrema importanza.

E se si morisse da soli?
Ishvara: Siete sempre soli di fronte alla morte.

Che tipo di accompagnamento potrebbe essere inoltre utile al morente?
Ishvara: Dipenderà da ogni singolo caso.

Oltre alla presenza di una persona cara che assiste la persona morente, consigli anche di esprimere delle parole?

Ishvara: Perdono e gratitudine sono essenziali per liberare dal karma passato e liberare energia.

In che altro modo possiamo aiutare la persona morente durante il trapasso?

Ishvara: Statele vicino e mandatele amore e luce.

Come dobbiamo comportarci con le persone che sono incoscienti durante il trapasso o che sono morte improvvisamente?

Ishvara: Lavorando a distanza.

Cosa succede all'anima di una persona che è morta improvvisamente e non ha avuto tempo di prepararsi alla morte?

Ishvara: Porterà con sé ciò che le rimane.

Che cosa intendi per ciò che le rimane?

Ishvara: Il suo bagaglio karmico.

Esistono esseri eterni, che non muoiono mai?

Ishvara: Ogni forma di manifestazione è temporanea.

Perché dobbiamo invecchiare?

Ishvara: Perché vi credete di essere dei corpi.

Chi e che cosa è eterno?

Ishvara: Ciò che precede ogni manifestazione è eterno.

Alcuni Maestri insegnano tecniche per non invecchiare. Possiamo arrivare alla morte senza invecchiare?

Ishvara: Fantasie.

Quindi Maestri che insegnano tecniche per non invecchiare non sono veri Maestri?

Ishvara: Non vi condurranno all'essenza.

Viene detto che nella Nuova Era le persone resteranno giovani, sta arrivando questa era?

Ishvara: Sì, accadrà attraverso il rafforzamento dei corpi sottili.

Ma allora è possibile non invecchiare?

Ishvara: Unicamente rallentare il processo d'invecchiamento.

Puoi spiegare un po' meglio questo concetto?

Ishvara: Meditazioni e preghiere vi metteranno in contatto con le parti più profonde del vostro essere.

Ciò ci aiuterà a non mettere più l'attenzione sul corpo-mente come oggetto d'invecchiamento?

Ishvara: Esatto, il soggetto noumenico non invecchia poiché è eterno e sempre presente.

Qual è il modo migliore per affrontare l'invecchiamento del corpo-mente?

Ishvara: Convincervi di essere eterni.

Che relazione c'è tra la multidimensionalità e la morte?

Ishvara: La prima è la porta d'accesso alla seconda.

Quando ci troviamo nel mondo dei sogni, questa realtà di veglia viene percepita come un sogno?

Ishvara: Sì.

I defunti, che sono considerati morti dalla prospettiva dello stato di veglia, continuano ad esistere in un'altra dimensione o in un certo senso anche in questa dimensione?

Ishvara: Sono sempre presenti nella manifestazione fenomenica.

Perché non possiamo vederli?

Ishvara: I canali non sono aperti.

Come possiamo aprire i canali?

Ishvara: Ci sono diversi modi.

Quale ci consigli?

Ishvara: La meditazione.

Gli stati di veglia, di sogno e di sonno profondo sono stati transitori, che cosa testimonia in noi l'andare e il venire di questi stati?
Ishvara: Il Sé, l'Assoluto.

La coscienza universale prevale sia all'interno che all'esterno dei nostri corpi, come possiamo superare questa apparente frammentazione?
Ishvara: Sospendendo il processo di concettualizzazione.

Anche se il corpo invecchia, il senso di presenza o coscienza individuale sembra non essere toccato dallo scorrere del tempo, eppure anche la coscienza individuale è temporanea poiché legata al corpo-mente, come superare quest'ostacolo?

Ishvara: Con la meditazione che vi conduce al silenzio.

La pura consapevolezza senza forma o coscienza universale non va e non viene da nessuna parte, con la morte fisica è il suo funzionamento attraverso il nostro corpo-mente che si estingue e cessa d'essere tramite quel corpo definito morto, ma la coscienza universale o pura consapevolezza immanifestata continua a prevalere rimanendo intatta, come possiamo realizzare tutta questa infinita immensità senza forma con le menti limitate che abbiamo in vita?

Ishvara: Con la meditazione la mente si svuota del suo contenuto.

Vedendo come i nostri corpi e le nostre menti si disintegrano invecchiando e avvicinandosi alla morte, se rimaniamo identificati con il corpo e le sue attività, come risultato avremo tanta sofferenza e la paura di morire sarà predominante, almeno fino a quando la coscienza non realizza la propria natura essenziale che è senza forma, come favorire tale realizzazione?

Ishvara: Con la liberazione in vita e la conoscenza di sé stessi.

In che modo?

Ishvara: Meditando sulla vostra natura ultima.

7. Meditazione nel silenzio

La meditazione nel silenzio è un'intensa e profonda esperienza nella quale è utilizzato il mantra Om Namo Ishvaraya Namaha all'inizio. Perché usiamo questo mantra?

Ishvara: Per la centratura della mente ed evocazione dell'Assoluto.

Perché ci hai consigliato di meditare nel silenzio e in gruppo per 43 minuti?

Ishvara: Per imparare a trascendere il pensiero.

I 43 minuti sono indicativi o si potrebbe meditare più a lungo?

Ishvara: Già rimanere 43 minuti in silenzio non è cosa facile.

Che cosa succede durante la meditazione nel silenzio?

Ishvara: Solamente l'atto di testimoniare.

Meditare da sdraiati, in piedi o camminando può rientrare nella meditazione nel silenzio o ci consigli di stare principalmente seduti?

Ishvara: Muoversi fisicamente favorisce una maggiore distrazione.

Disturbando anche gli altri del gruppo?

Ishvara: Sì, per questo non è necessario muoversi.

Nemmeno se soffriamo di dolori fisici?

Ishvara: Il dolore va testimoniato, non fuggito.

Va bene se assumiamo una posizione comoda e rilassata che ci permette di avere meno dolori fisici e che riusciamo a mantenere il più a lungo possibile?

Ishvara: Sì, ma cercate di rimanere sempre coscienti di ciò che accade dentro e fuori di voi.

Perché ci consigli la posizione seduta?
Ishvara: Perché non vi crea sonnolenza.

Se una persona inizia a russare come dobbiamo comportarci?
Ishvara: Invitatela a rimanere sveglia.

Una persona può camminare o fare strani movimenti durante la meditazione nel silenzio?
Ishvara: Sarebbe opportuno di no per non disturbare i partecipanti.

Questo vale anche per chi parla o ride durante la meditazione?

Ishvara: Bisognerebbe astenersi da qualsiasi disturbo sonoro.

Per una persona che ha disturbi mentali la meditazione nel silenzio è adatta?
Ishvara: Solo se non arreca disturbo ai presenti.

Di base è adatta per chiunque?
Ishvara: Sì.

Ci possono essere effetti collaterali?
Ishvara: No.

Quante volte si dovrebbe meditare per avere già dei primi benefici?
Ishvara: È la qualità a fare la differenza e non la quantità.

E come facciamo a capire che stiamo meditando in modo efficace?

Ishvara: Quando per la maggior parte del tempo la mente è silenziosa.

E com'è la mente silenziosa? I pensieri si fermano?

Ishvara: Con il tempo lo spazio di silenzio tra un pensiero e l'altro aumenta.

Per raggiungere questo silenzio, recitare il tuo mantra mentalmente durante la meditazione ci aiuta?

Ishvara: Ripetere il mantra vi aiuta ad acquetare la mente e renderla sempre più silenziosa.

È utile recitarlo anche a voce alta?

Ishvara: In alcuni casi è consigliabile all'inizio.

Che cosa fare se i pensieri aumentano nonostante mettiamo l'attenzione sugli spazi di silenzio tra un pensiero e l'altro e la ripetizione del mantra?

Ishvara: Continuate incessantemente la ripetizione del mantra e il silenzio aumenterà.

Se qualcuno non riesce a ripetere il mantra in continuazione ed è totalmente assorbito dai propri pensieri consigli di praticare questa meditazione?

Ishvara: Innanzitutto, dovrebbe praticare altre forme di autocontrollo e successivamente potrebbe partecipare alla meditazione nel silenzio.

La meditazione nel silenzio è più adatta a chi ha raggiunto un certo stato di coscienza?

Ishvara: Bisogna aver trasceso l'individuo che cerca le tecniche.

Che tipo di benefici si possono avere?

Ishvara: I benefici sono totalizzanti.

A questo punto potremmo essere guariti totalmente?

Ishvara: Sì, poiché anche la guarigione è parte del sogno che chiamate erroneamente realtà.

Non c'è niente e nessuno che dev'essere guarito?

Ishvara: Sì, dalla prospettiva del Sé, che è l'eterna sorgente.

Qual è la differenza se si medita in gruppo o da soli?

Ishvara: Il gruppo ha più energia e forza.

Se meditiamo per un lungo tempo sempre con lo stesso gruppo che conseguenze ha questo per il singolo?

Ishvara: La forza del gruppo sostiene il singolo.

Che cosa succede se meditiamo spesso con persone diverse?

Ishvara: Vi si aprono nuovi orizzonti.

Ci potrebbe essere della competizione tra chi riesce a meditare nella posizione di loto e altri che non ci riescono?

Ishvara: La mente si svuoterà anche di questa inutile competizione.

Se c'è un maestro autorealizzato nel gruppo che conseguenza ha questo sui partecipanti?

Ishvara: Beneficeranno della sua energia, pace e saggezza.

La realizzazione del Sé può accadere contemporaneamente a tutto il gruppo?

Ishvara: Raramente.

La presenza di un maestro autorealizzato ci può condurre alla realizzazione del Sé nella meditazione nel silenzio?

Ishvara: È indispensabile.

Senza è più difficile e raro?

Ishvara: Sì.

Questa tua tecnica di meditazione da cosa si distingue dalle altre?

Ishvara: Non c'è bisogno di creare ulteriori separazioni.

Ogni meditazione nel silenzio in gruppo con un maestro autorealizzato ci può portare alla realizzazione del Sé?

Ishvara: Sì.

Se meditiamo nell'Ishvara-Ashram, che nel nostro caso, per ora, è a casa di Therry e Dawio, senza la presenza di un maestro incarnato realizzato, che cosa succede?

Ishvara: La realizzazione dell'eterna essenza dell'essere è garantita.

Anche senza la presenza di un maestro realizzato in forma fisica?

Ishvara: Siete voi ad autorealizzarvi e per questo un maestro in forma fisica non è indispensabile.

Viene detto che nella Nuova Era dell'acquario non ci sarà più bisogno di maestri né discepoli né tantomeno d'insegnamenti. Che cosa ci puoi dire a tale riguardo?

Ishvara: Questo accadrà perché ci saranno sempre più persone che avranno realizzato il Sé.

Che cosa dovremmo sapere ancora?

Ishvara: La meditazione nel silenzio è l'ultima chiave per l'illuminazione.

Biografia

Dawio Bordoli

Ha conseguito la formazione di insegnante di Yoga sciamanico e costellatore immaginale con Selene Calloni Williams, musicoterapista, suona la chitarra a 12 corde, ha composto diversi canti spirituali e musica Zen, è stato responsabile del gruppo Bhajan in Ticino del maestro spirituale Paramahamsa Sri Vishwananda, ha suonato per diversi centri di Yoga e privati, ha conseguito una formazione di musica improvvisata e concerti con Guy Bettini, ha partecipato a workshop di Rhiannon alla Fabbrica di Losone, master Reiki, channelor, ricercatore spirituale, ha creato, insieme a sua moglie Maria Theresia, diverse tecniche di crescita personale e spirituale e insieme conducono diversi gruppi per la crescita personale, spirituale e di Kirtan/Bhajan. Ha pubblicato 16 libri.

Maria Theresia Bitterli

Master of Art in Counseling relazionale (Università Cusano di Roma) e immaginale con Selene Calloni Williams, Bachelor in scienza della comunicazione (USI), drammaterapista con Salvo Pitruzzella presso la scuola di Artiterapia di Lecco, formazione teatrale con Cristina Castrillo, ha conseguito diverse tecniche teatrali e spettacoli con diverse compagnie teatrali, ha conseguito una formazione di musica improvvisata e concerti con Guy Bettini e diversi workshop di canti armonici con Igor Ezendam e Gudrun Delin, canti spirituali/mantra e musica Zen con Dawio Bordoli, suona l'harmonium e l'arpa, è arteterapista, master Reiki, naturopata, channelor, medium e guaritrice della luce, insegnante di Yin Yoga (Yogi Ram), AuyrYoga (Remo Rittiner), Yesudian (Sven Jansen) e Yoga sciamanico e costellazioni immaginali (Selene Calloni Williams), astrologa e lettura delle carte

Lenormand e i tarocchi (40 anni di ricerca ed esperienza), ricercatrice spirituale, ha creato insieme a suo marito Dawio diverse tecniche di crescita personale e spirituale e insieme conducono diversi gruppi di attività per la crescita personale, spirituale. Ha pubblicato 27 libri.

Alex Dawson
Appassionato di guarigione e spiritualità, praticante del metodo Feldenkrais, Zen Shiatsu, Master Reiki, buona esperienza con la guarigione di tipo "sciamanico", grande viaggiatore, da praticante di meditazione Vipassana, Advaita, trasmissione e terapista complementare. Da diversi anni approfondisce l'insegnamento di Ishvara, ha creato insieme a Dawio e Therry l'Ishvara Healing Meditation e collabora con loro.

ISHVARA

Essere infinito universale e impersonale, l'Assoluto, il Sé, il silenzio, l'eternità. È Assoluto ma anche la sua manifestazione. Infinite vite ha vissuto, vive, e vivrà, come tutte le onde dell'oceano. Come oceano non è separato dalle infinite onde. Non è separato da noi. È immanenza e trascendenza nel medesimo istante. Essere che conosce solo luce, solo unione, non conosce un voi e un noi, un io e un tu. In questa manifestazione, una delle infinite, ci ricorda la via dell'essenza, la via della chiarezza diretta, che mira sempre dritta alla sorgente, la via che invita a realizzare quello spazio che precede la mente, quello spazio di silenzio, quello spazio senza spazio e tempo, di amore, unione, pienezza e pace infinita. Invita tutte le onde a realizzare di essere sempre state realizzate, di essere sempre state l'oceano, l'Assoluto, l'infinita pura coscienza universale e impersonale.

Nel glossario sanscrito (antica lingua dell'India) troviamo la seguente definizione di Ishvara: l'essere universale principio di ogni manifestazione.

A partire dalla Bhagavadgita, Ishvara diviene il titolo del "Dio supremo" e così verrà utilizzato, nel periodo post-vedico, per riassumere i differenti nomi delle divinità.

Presso la religione induista, Īśvara (dal sanscrito ईश्वर, "Signore, controllore"), o Ishvara (secondo una diffusa grafia anglosassone), chiamato anche Īśvara Deva o anche Parameśvara ("Signore Supremo"), è un concetto filosofico che indica l'aspetto personale di Dio (il cui aspetto impersonale e senza forma o attributi è invece chiamato Brahman). Ishvara è il Demiurgo o il Logos personificato, la Coscienza Assoluta del Brahman, il Signore della manifestazione che controlla e sostiene il Creato, o il Nous, la Mente Cosmica, Colui che provvede alla creazione dei mondi, al loro mantenimento e alla loro dissoluzione. In questo senso Īśvara può essere identificato con le tre Persone della Trimurti (Brahmā, Viṣṇu, Śiva), in quanto assomma in sé le principali funzioni delle tre divinità supreme induiste, spesso adorate come un'unica entità. Īśvara è l'aspetto personale e monoteistico di Dio, adorato presso le maggiori religioni mondiali, che per amore dell'uomo si incarna e si rivela sotto nomi e forme diverse.

Ishvara è il supremo Jīva, l'Anima Suprema, piena di consapevolezza, trascendente alle illusioni di questo mondo. Īśvara è il Saguna Brahman, il Dio con forme ed attributi, perfetto, onnisciente, onnipotente e onnipervadente.

Ishvara ha contattato per la prima volta Therry e Dawio il 29 giugno 2017 alle ore 16.00 per dare degli insegnamenti a coloro che glieli richiederanno. Tutti i suoi insegnamenti sono stati pubblicati. Dal 25 luglio 2015 Therry e Dawio stanno vivendo continuamente diverse benedizioni e miracoli di ogni genere come ad esempio materializzazioni di Vibhuti, Amrita, Lingham, channeling, visioni, psicocinesi, chiaroveggenza e chiaroudienza nonché diversi altri fenomeni paranormali.

LIBERTÀ - LUCE - AMORE

www.ishvaraholisticcenter.com

CPSIA information can be obtained
at www.ICGtesting.com
Printed in the USA
LVHW090907190121
676855LV00005B/240

9 783752 642025